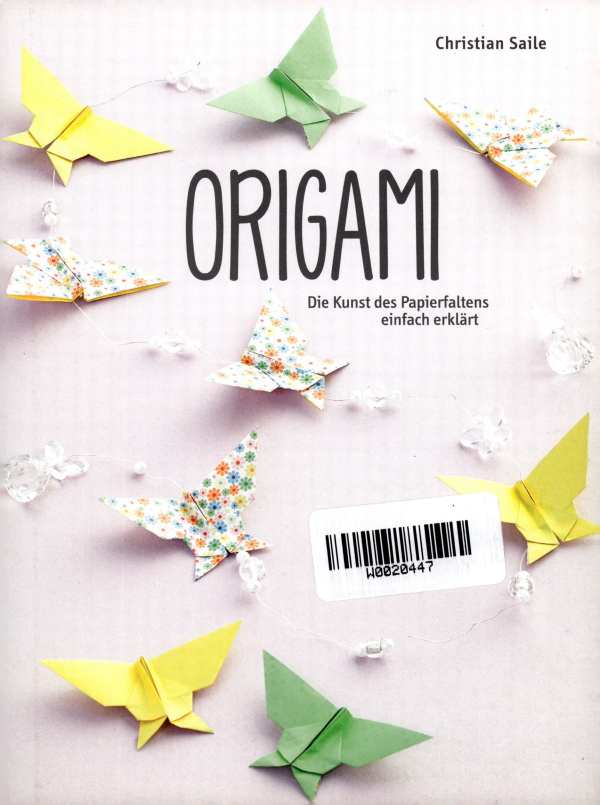

INHALT

04	MATERIAL
06	GRUNDANLEITUNGEN
07 ▶	Drachen-Grundform
08 ▶	Fröbel-Grundform
09 ▶	Wasserbomben-Grundform (Zusammengeschobenes Dreieck)
09 ▶	Zusammengeschobenes Quadrat
10 ▶	Vogel-Grundform
12	MODELLE
14	Hüpfende Frösche
18	Glücksbringer: Kranich
20	Herzige Girlande
22	Glückssterne
26	Süße Marienkäfer
28	Schmetterlings-Schwarm
32	Stimmungsvolle Tischlichter
34	Bunte Lilien
38	Modulare Sonne
40	Hasen-Bande
42	Bilderrahmen
44	Bunte Faltschachteln
46	Briefumschlag
48	Dekorative Schalen
52	Tulpen-Schmuck
56	Bezaubernde Elfenstiefel
58	Große Wichtel-Familie
60	Tannenwald
62	GLOSSAR & TIPPS
64	Impressum

VORWORT

Origami – das neue Kulthobby – ist die Kunst des Papierfaltens und stammt ursprünglich aus China. In Japan wurde die Kunstfertigkeit dann weiterentwickelt und nun ist sie bereits über 1000 Jahre alt. Aus einem Blatt Papier entstehen dabei die verschiedensten Figuren, immer ohne Klebstoff, nur durchs Falten.
Berg- und Talfalte oder Umklappfaltung ... Alles gar nicht so schwer, wenn man es einmal ausprobiert hat. Origami bedeutet für mich zum Beispiel, wie von Zauberhand aus einem Blatt Papier die unterschiedlichsten Figuren entstehen zu lassen.
Und der Zauberer dabei sind Sie!

Viel Spaß wünscht   *Christian Saile*

CHRISTIAN SAILE

SCHNEIDUTENSILIEN
**Mit Bleistift, Lineal, Schere, Cutter und Schneideunterlage können Sie Ihr eigenes Faltpapier zuschneiden.

MATERIAL

PAPIERSCHNEIDER
**Ein Papierschneider ist ebenfalls hilfreich, um Papier exakt zu schneiden.

FALZBEIN
Ein Falzbein dient dem Nachziehen von Faltlinien.

ORIGAMI-PAPIERE
Mit Origami-Papieren bzw. Faltpapieren in verschiedenen Farben, Musterungen und Größen entstehen die Faltobjekte.

GRUNDANLEITUNGEN

SIEHE **SPICKZETTEL**

BERGFALTE

Wenn die obere Seite des Papierbogens nach unten geklappt wird, weist die Faltkante wie eine Bergkette nach oben. Eine Strichpunktlinie markiert, an welcher Stelle eine Bergfalte gefaltet werden muss.

TALFALTE

Wenn die untere Seite des Papierbogens nach oben geklappt wird, sieht die Faltung wie eine Rinne bzw. wie ein Tal aus. Eine gestrichelte Linie markiert, an welcher Stelle eine Talfalte gefaltet werden muss.

UMKEHRFALTUNG NACH INNEN

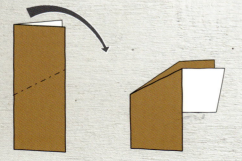

Zunächst die obere Papierkante entlang der Bergfaltlinie nach hinten und wieder zurückfalten. Danach die linke Kante entlang der Bergfalte nach rechts innen einklappen und die Faltarbeit glatt streichen.

UMKEHRFALTUNG NACH AUSSEN

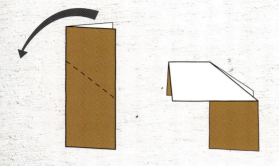

Diese Faltung verläuft genau entgegengesetzt. Erst die obere Papierkante entlang der Talfalte nach vorne und wieder zurückfalten. Danach das Papier etwas öffnen, die offene Seite der Faltarbeit nach außen umklappen und glatt streichen.

UMKLAPPFALTUNG

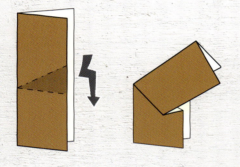

Hierzu das Papier an zwei Stellen falten und die Faltungen wieder öffnen. Wichtig ist, dass sich beide Faltlinien genau auf der Rückenlinie treffen. Nun die obere Papierhälfte nach unten drücken und gleichzeitig die obere Faltlinie auf der Vorder- und Rückseite aufspreizen.

DRACHEN-GRUNDFORM

 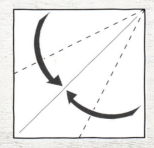 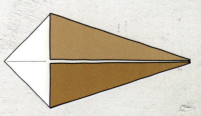

1 Das Papier mit der farbigen Seite nach unten legen. Falten Sie die untere Spitze nach oben auf die obere Spitze. Die Faltung wieder öffnen.

2 Nun die beiden rechten Papierkanten auf die Mittellinie falten.

3 So sieht die fertige Drachen-Grundform aus.

FRÖBEL-GRUNDFORM

 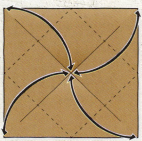 

1 Die farbige Seite des Papiers liegt oben. Das Blatt zweimal diagonal falten und jeweils wieder öffnen.

2–3 Alle vier Ecken nacheinander zur Mitte falten und diese Faltung immer wieder öffnen. Danach wenden Sie das Blatt. Dadurch werden die Talfalten zu Bergfalten.

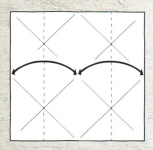 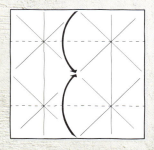 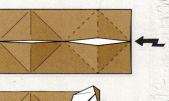 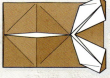

4 Nun die linke und die rechte Papierkante an den gestrichelten Linien zur Mitte falten und wieder öffnen.

5 Anschließend auch die untere und die obere Papierkante zur Mitte falten.

6+7 Die rechten Papierkanten an der mit einem Pfeil markierten Stelle nach links schieben. Dabei klappen zwei Taschen auf, die sich anhand der bestehenden Faltlinien als Quadrate flachdrücken lassen.

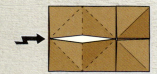

8+9 Wiederholen Sie die Faltschritte 6 und 7 auch auf der linken Seite. So entsteht die quadratische Fröbel-Grundform.

WASSERBOMBEN-GRUNDFORM (ODER ZUSAMMENGESCHOBENES DREIECK)

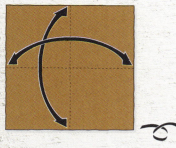 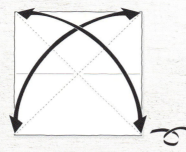

1 Die farbige Seite des Papiers liegt oben. Falten Sie das Papier waagerecht und senkrecht in der Mitte und öffnen Sie die Faltung wieder. Das Blatt wenden.

2 Das Papier zweimal diagonal falten und jeweils wieder öffnen. Wenden Sie das Blatt.

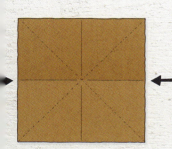 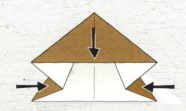 

3+4 Drücken Sie die beiden mit einem Pfeil markierten Kanten nach innen. Dabei klappen die obere und untere Papierkante automatisch aufeinander.

5 So sieht die Wasserbomben-Grundform aus.

ZUSAMMENGESCHOBENES QUADRAT

 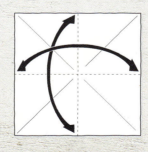

1 Die farbige Seite des Papiers liegt oben. Das Blatt zweimal diagonal falten und jeweils wieder öffnen. Wenden Sie das Blatt.

2 Jetzt das Papier waagerecht und senkrecht in der Mitte falten und wieder öffnen.

Weiter geht es auf Seite 10.

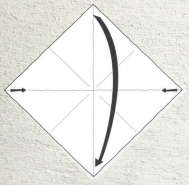 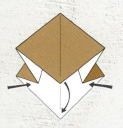 

3+4 Legen Sie die seitlichen Spitzen auf die untere Spitze und klappen Sie die obere Spitze nach unten.

5 Fertig ist die Grundform des zusammengeschobenen Quadrats.

VOGEL-GRUNDFORM

1 Beginnen Sie mit dem zusammengeschobenen Quadrat von Seite 9.

2 Falten Sie die rechte und linke Papierkante an der Talfaltlinie zur senkrechten Mittellinie, sodass sich beide Kanten dort berühren.

3 Nun die Spitze oben an der Faltlinie nach unten falten.

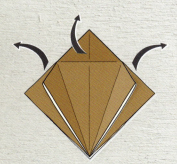 

4 Öffnen Sie die Faltungen aus Schritt 2 und 3 wieder ...

5 ... und klappen Sie die obere Spitze der offenen Seite entlang der waagerechten Faltlinie nach oben.

 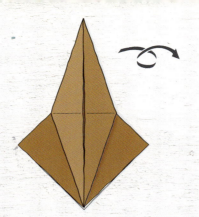

6 Die darunterliegende Spitze bleibt unten und die Seitenkanten werden nun nach innen auf die senkrechte Mittellinie gedrückt.

7+8 Streichen Sie alle Papierkanten glatt. Wenden Sie die Faltarbeit und wiederholen Sie die Schritte 2–6 auf dieser Seite.

 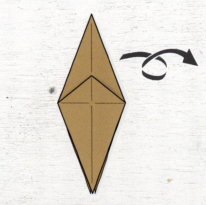

9+10 Nun die obere Papierlage wieder nach unten klappen und die Faltarbeit wenden.

11+12 Auch diese Spitze nach unten klappen. Dieser Faltzustand nennt sich Vogel-Grundform.

HÜPFENDE FRÖSCHE
als Geldgeschenk

MATERIAL
JE FROSCH
▶ Faltpapier in Grün,
7,5 cm x 15 cm

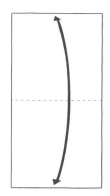

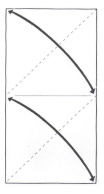

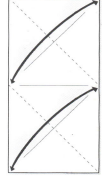

1 Die farbige Seite des Papiers liegt unten. Falten Sie das Papier entlang der Mittellinie einmal nach oben und wieder zurück.

2 An den nun entstandenen Quadraten diagonal die Faltungen entlang den Talfaltlinien vornehmen. Wenden Sie das Papier.

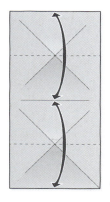

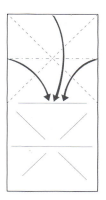

3 Falten Sie jetzt die obere und untere Papierkante auf die Mittellinie und öffnen Sie diese Faltungen wieder. Wenden Sie das Papier.

4 Drücken Sie die oberen seitlichen Kanten nach innen, dabei klappt die obere Papierkante automatisch nach unten. Streichen Sie die Faltung glatt und wiederholen Sie diesen Schritt am unteren Quadrat.

Weiter geht es auf Seite 16.

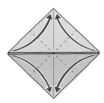  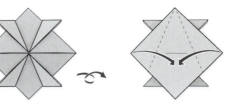

5 Die Spitzen rechts und links der oberen und unteren Papierhälften auf die Spitze oben bzw. unten falten.

6 Falten Sie nun die Spitzen entlang den markierten Talfaltlinien wieder ein Stück zurück. Die Faltarbeit wenden.

7 Die oberen seitlichen Papierkanten zur Mitte falten, sodass sie sich dort berühren.

 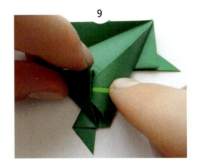

8 Die untere Spitze entlang der Talfaltlinie nach oben falten.

9 Schieben Sie jetzt die Spitzen der zwei Flügel in die kleinen Taschen des entstandenen Dreiecks.

  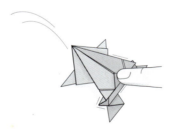

10 Arbeiten Sie eine Zickzackfalte; an der oberen Bergfaltlinie nach hinten und danach an der Talfaltlinie wieder nach vorn. Das ist die sogenannte „Sprungfeder" des Frosches.

GELDGESCHENK-KARTE

Aus Tonkartons in passenden Farben eine Klappkarte fertigen, mit einem lustigen Spruch, z.B. „... ein paar Kröten für dich ...", beschriften und zwei Origami-Frösche aufkleben. Fertig!

GLÜCKSBRINGER: KRANICH
Symbol der Papierfaltkunst

MATERIAL
JE KRANICH

▶ Faltpapier in Beige, 15 cm x 15 cm

1 Beim traditionellen Kranich wird mit der fast fertigen Vogel-Grundform (siehe Seite 11, Schritt 8) begonnen.

2 Die offene Spitze zeigt nach unten. Die untere rechte und linke Papierkante zur senkrechten Mittellinie falten. Wenden Sie die Faltfigur und wiederholen Sie danach Faltschritt 2 auf dieser Seite.

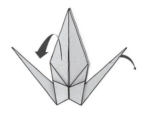

3 Die beiden unteren Spitzen an den Talfaltlinien nach oben und wieder zurückfalten. Danach die unteren Spitzen ein wenig aufklappen und schräg nach oben ziehen.

4 An der rechten Spitze eine Umkehrfaltung nach innen falten und die Flügel nach unten klappen.

5 So sieht der traditionelle Kranich aus.

KRANICH-MOBILE

An einer Astgabel ca. fünf bis sieben Kranich-Schnüre aufhängen. Die Kraniche hierzu abwechselnd mit Holzperlen auf dünnes, weißes Garn oder einen Nylonfaden fädeln und die Holzperlen mit einem Knoten in bestimmten Abständen fixieren. Auf diese Weise verrutschen die Kraniche nicht.

HERZIGE GIRLANDE

Deko für den Muttertag

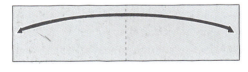 

MATERIAL
JE HERZ

 Faltpapier in Rot, 5 cm x 20 cm

1 Bei zweifarbigem Papier liegt die rote Seite des Papiers unten. Falten Sie das Papier einmal in der Mitte von links nach rechts und öffnen Sie die Faltung wieder.

2 Die rechte und linke Seite des Papiers entlang der markierten Linie nach oben falten. Die Seitenlinien berühren sich dabei.

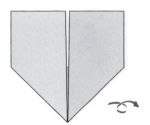

3 Die Faltarbeit wenden.

4 Falten Sie die Ecken entlang den markierten Linien jeweils schräg nach außen.

5 Nun die rechte und linke obere Spitze ebenfalls schräg nach unten falten. Die seitlichen Papierkanten kommen waagerecht zum Liegen und dabei überlappen sich die Spitzen. Achten Sie auf die markierten Punkte.

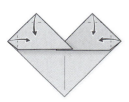

6 Zum Schluss die oberen und seitlichen Spitzen ein kleines Stück in Richtung Mitte falten.

7 So sieht das Herz von hinten aus. Die Figur wenden.

GLÜCKSSTERNE
so werden Wünsche wahr

MATERIAL

JE GLÜCKSSTERN

▶ Fröbelpapier- oder Tonpapierstreifen in beliebigen Farben, mind. 80 g/m², 1,5 cm x 29 cm

1 Als Erstes binden Sie in den Streifen an einem Ende vorsichtig einen Knoten.

2 Ziehen Sie den Knoten sehr behutsam enger, sodass die Streifenenden schön eingefasst sind. Drücken Sie den Knoten flach.

3 Jetzt falten Sie das kürzere Ende nach hinten um, drehen den Streifen ...

4 ... und stecken dieses Ende in die Tasche, die auf der Rückseite zu sehen ist.

5 Wenden Sie den Streifen erneut.

6 Wickeln Sie nun das lange Ende des Streifens schön straff nach und nach um den Stern. Führen Sie den Streifenrand dabei immer genau an den Kanten des Sternes entlang. Beachten Sie, dass Sie immer an einer anderen Kante entlangwickeln, aber das passiert fast schon automatisch.

Weiter geht es auf Seite 24.

7 Wenn Sie kurz vor dem Ende angekommen sind, klappen Sie den Streifen ein letztes Mal um und stecken das Ende in die entstandene Tasche. Sollte das Ende ein klein wenig zu lang sein, dann schneiden Sie es entsprechend zu.

8 So sollte Ihr Stern jetzt aussehen.

9 Nehmen Sie den Stern in die linke Hand und drücken Sie mit den Fingern gegen die Kanten. Mit dem rechten Daumennagel drücken Sie eine Seite nach der anderen nach innen.

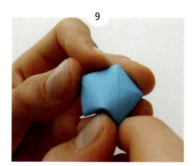

10 So plustert sich der Stern nach und nach auf.

HINWEIS

Glückssterne sind vielfältig einsetzbar. Als Dekoration zur Weihnachtszeit oder aufgefädelt als Kette und Ohrring oder einfach nur zum Verschenken. Sie verdanken ihren Namen einer japanischen Überlieferung, die besagt, dass Glückssterne dem Beschenkten Glück bringen – und je mehr Sterne, desto mehr Glück.

GLÜCKSSTERN-SCHMUCK

Für die Ohrringe jeweils ein Sternchen vorsichtig mit einem Kettelstift durchbohren und mittels einer Öse an einem Ohrringhaken befestigen.
Für den Halsschmuck durch elf Glücksterne jeweils kurze Kettelstifte bohren und diese mittels Ösen verbinden. Danach an den Enden jeweils ein schmales Satinband anbinden und einen Verschluss ergänzen.

TIPP Wenn Sie an die Unterseite des Marienkäfers eine Miniwäscheklammer kleben, lässt sich der Glückskäfer sehr gut an Geschenken oder Pflanzen anbringen.

SÜSSE MARIENKÄFER
Deko für Geschenkverpackungen

MATERIAL

JE MARIENKÄFER
- Faltpapier in Rot, 10 cm x 10 cm oder kleiner
- Filzstift in Schwarz

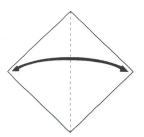 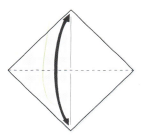

1 Die farbige Seite des Papiers liegt unten. Falten Sie die linke Spitze auf die rechte Spitze und öffnen Sie die Faltung wieder.

2 Nun die obere Spitze auf die untere Spitze falten.

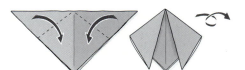

3 Legen Sie die rechte und linke Spitze entlang den Talfaltlinien schräg nach unten. Danach wenden Sie die Figur.

4 Falten Sie die obere Spitze an der markierten Linie nach unten.

5 Nun die Spitze an der markierten Linie wieder nach oben falten und die Figur wenden.

6 Mit einem schwarzen Filzstift nun noch den Kopf und Punkte aufmalen. Alternativ können Sie die Punkte auch aus schwarzem Papier ausstanzen und aufkleben.

SCHMETTERLINGS-SCHWARM
als Wand- oder Tischdeko

MATERIAL
JE SCHMETTERLING

▶ Faltpapier in Beige mit Texten oder Bunt, 15 cm x 15 cm oder 10 cm x 10 cm

1 Beginnen Sie mit der Wasserbomben-Grundform (Seite 9).

2 Falten Sie die beiden oberen Spitzen rechts und links nach oben, sodass sich die Kanten mittig berühren und öffnen Sie diese Faltung wieder.

3 Jetzt falten Sie die Papierkanten bis zur gerade entstandenen Faltlinie.

4 Falten Sie nun die unteren Papierkanten dieser Faltung nach oben, sodass sich beide Papierkanten wieder mittig berühren.

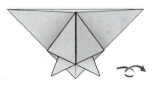

5 Die Faltarbeit wenden.

6 Die untere Spitze so weit nach oben falten, dass sie etwas über die obere Papierkante hinausragt.

Weiter geht es auf Seite 30.

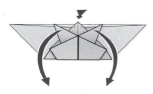

7 Halten Sie die Spitze in der Mitte mit einem Finger fest und ziehen Sie die danebenliegenden Spitzen nach unten auf.

8 Währenddessen klappen die beiden Papierlagen rechts und links der Spitzen nach innen. Diese gut glatt streichen.

9 Den Schmetterling zusammenklappen.

10 Nun die Flügel vorn und hinten an der eingezeichneten Talfaltlinie nach rechts falten.

11 Die Figur wieder leicht öffnen. So sieht der Schmetterling auf der Rückseite aus ...

12 ... und so von vorn.

SCHMETTERLINGSKETTE

Für einen dekorativen Tischschmuck die Schmetterlinge in verschiedenen Farben mit diversen Perlen und evtl. auch einem kleinen Gedicht auf einen Gold- oder Silberdraht fädeln.

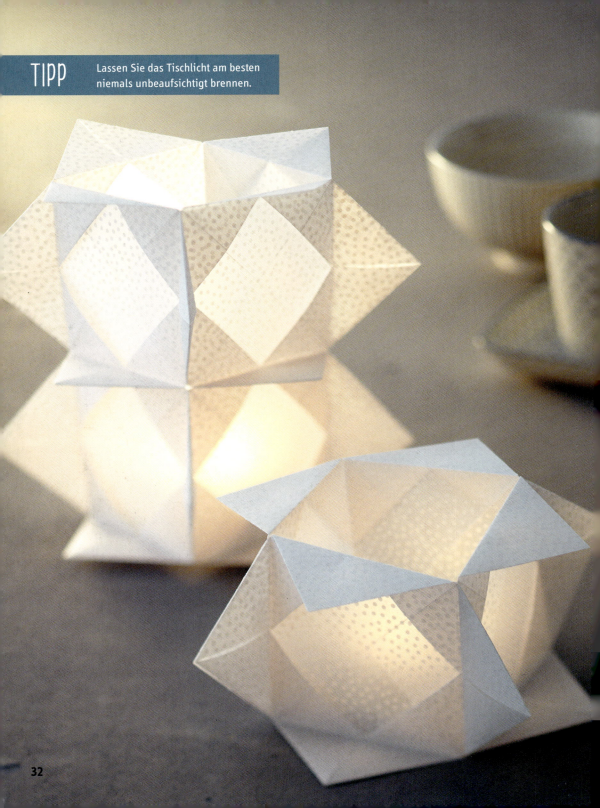

TIPP Lassen Sie das Tischlicht am besten niemals unbeaufsichtigt brennen.

STIMMUNGSVOLLE TISCHLICHTER
für gemütliche Stunden

MATERIAL
JE TISCHLICHT
- Lampen- oder Transparentpapier in Weiß, 4 x (kleines Tischlicht) bzw. 8 x (großes Tischlicht) 15 cm x 15 cm
- Klebestift

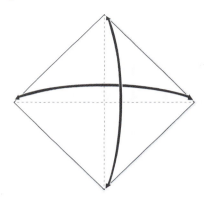

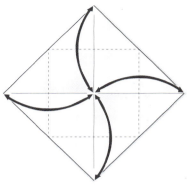

1 Falten Sie das Blatt zweimal diagonal von Spitze zu Spitze und öffnen Sie die Faltung jedes Mal wieder.

2 Alle vier Ecken nach innen auf die Mitte falten. Auch diese Faltungen wieder öffnen.

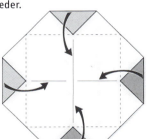

3 Die vier Ecken auf die entstandenen Faltlinien falten ...

4 ... und die Kanten noch einmal Richtung Mitte falten. Gut glatt streichen.

5 Nun die vier Ecken an den markierten Faltlinien zur Mitte falten, wo sie sich berühren. Die Faltungen wieder öffnen. Ein Modul ist nun fertig. Fertigen Sie auf diese Weise noch drei bzw. sieben weitere Module an.

6 Die Spitzen deckungsgleich aneinanderkleben. Vier Module im Quadrat und zwei oder drei in der Höhe.

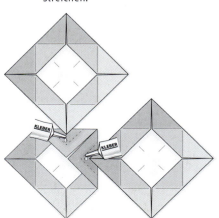

BRAUTSTRAUSS

Origami-Lilien als Brautstrauß sind ein echter Hingucker. Dazu sollten Sie mindestens sieben Lilien aus 20 cm x 20 cm großem edlem Papier falten. An das untere Ende der Lilien einen Draht kleben, die Lilien so zu einem Strauß zusammennehmen und die Drahtenden mit Schleifenband umwickeln. Schön sieht der Strauß mit zwei oder drei goldenen Kranichen als Glücksbringer (siehe Seite 18) aus.

BUNTE LILIEN
ideal zum Verschenken

MATERIAL

JE LILIE

▶ Faltpapier in Bunt bzw. Creme-Weiß, 15 cm x 15 cm
▶ Bunt- oder Bleistift

1 Beginnen Sie mit der Grundform Zusammengeschobenes Quadrat von Seite 9.

2 Klappen Sie die vordere linke Papierlage zur Mitte, öffnen Sie sie etwas und drücken Sie die Spitze flach auf die Mittellinie, sodass beide aufeinanderliegen.

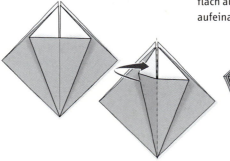

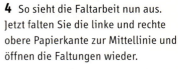

3 Eine Art Drachenfigur ist entstanden. Klappen Sie die obere linke Lage nach rechts und wiederholen Sie Schritt 2 an den restlichen drei Spitzen.

4 So sieht die Faltarbeit nun aus. Jetzt falten Sie die linke und rechte obere Papierkante zur Mittellinie und öffnen die Faltungen wieder.

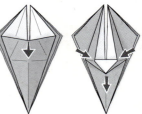

5 Die untere Spitze an der gestrichelten Linie nach oben und wieder zurückfalten.

6 Die Drachenfigur etwas öffnen und die Ecken nach unten auf die Mittellinie falten, sodass sich die Papierkanten dort berühren.

Weiter geht es auf Seite 36.

 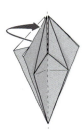 

7 Falten Sie das kleine Dreieck an der waagerechten Mittellinie nach oben.

8 Fahren Sie so auch für die restlichen drei Drachenfiguren fort (Schritte 4–7) und klappen Sie zuvor immer eine Lage nach rechts um.

9 Wenn die letzte Faltung ausgeführt wurde, klappen Sie die obere Papierlage nach rechts, damit die Faltarbeit wie abgebildet vor Ihnen liegt.

10 Falten Sie nun die linke und rechte untere Papierkante auf die Mittellinie, sodass sich die Kanten dort berühren.

11 Wiederholen Sie Schritt 10 weitere drei Mal auf den anderen Seiten und klappen Sie zuvor immer eine Lage nach rechts um.

12 So sieht die fertige Faltarbeit aus.

 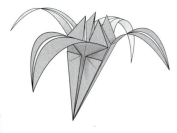

13 Öffnen Sie die Blüte leicht und rollen Sie die Spitzen, die nach oben zeigen, mithilfe eines Bunt- oder Bleistiftes nach innen oder außen.

TISCHSCHMUCK

Eine einzelne Lilie macht sich auch sehr gut als Tischmuck. Diese einfach zusammen mit einer Perle an einem Stieldraht befestigen und in einen Standfuß (im Fachhandel erhältlich) stecken.

MODULARE SONNE
Deko fürs Fenster

MATERIAL
- 16 Faltpapiere, je 15 cm x 15 cm bzw. 7,5 cm x 7,5 cm
- Klebstoff

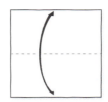

1 Die farbige Seite des Papiers liegt hier unten. Falten Sie die untere auf die obere Papierkante und öffnen Sie die Faltung wieder.

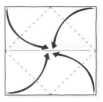

2 Jetzt alle vier Ecken auf die Mitte falten, sodass sich die Spitzen dort berühren.

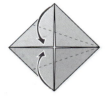

3 Falten Sie die rechte obere und untere Papierkante auf die Mittellinie.

4 Sie haben jetzt eine Drachenform vor sich liegen. Falten Sie die linke Spitze an der Faltlinie nach hinten um.

5 Klappen Sie die Figur nach oben zusammen.

6 Das erste Modul ist fertig. Für die Sonne benötigen Sie insgesamt 16 Module.

7 Jedes Modul hat zwei kleine Taschen. Dort hinein stecken Sie ein weiteres Teil. Mit etwas Klebstoff gehen Sie sicher, dass Ihre Faltarbeit nicht auseinanderrutscht.

HASENBANDE
Deko für den Frühlingstisch

MATERIAL

JE HASE

► Faltpapier in Braun,
7,5 cm x 7,5 cm, 10 cm x 10 cm
oder 15 cm x 15 cm

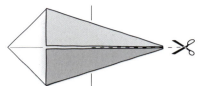

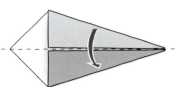

1 Beginnen Sie mit der Drachengrundform von Seite 7. Schneiden Sie die Figur von rechts bis zur senkrechten Linie ein.

2 Klappen Sie die Figur nach vorne zusammen.

3 Falten Sie die rechten Spitzen entlang der gestrichelten Linie (am Ende des Einschnitts) vorne bzw. hinten schräg nach oben.

4 Für das Schwänzchen falten Sie die linke obere Spitze nach unten ...

5 ... und danach an der Markierung wieder nach oben.

6 So sieht die Figur jetzt aus. Öffnen Sie beide Faltungen wieder.

7 Legen Sie nun die linke Spitze an der unteren Falte nach innen und an der oberen Falte wieder nach außen. Es handelt sich dabei um die Umklappfaltung – hier wird sie allerdings nach innen ausgeführt.

TIPP
Wenn Sie größere Hasen falten möchten, müssen Sie sich das Faltpapier aus Tonpapier zuschneiden.

8 So entsteht das Hasenschwänzchen. Danach falten Sie die untere Ecke sowohl auf der Vorder- als auch auf der Rückseite nach innen.

9 Nun müssen nur noch beide Ohren an den markierten Linien vorgefaltet (oben Bergfalte, darunter Talfalte) und zur Drachenform aufgedrückt werden, damit sie schön aufgestellt werden können.

BILDERRAHMEN

Fotos der Lieben schön arrangiert

MATERIAL
JE RAHMEN
- Tonpapier in Beige-Rot, 30 cm x 30 cm
- Foto, 15 cm x 15 cm oder 11 cm x 11 cm

1 Beginnen Sie mit der Fröbel-Grundform von Seite 8. Falten Sie alle vier Ecken an den markierten Linien nach innen.

2 Nun alle Ecken an den markierten Bergfaltlinien nach hinten einschlagen.

3 Danach die in der Mitte liegenden Spitzen nach innen falten.

4 So sieht der fertige Rahmen aus.

TIPP
Sie können das Foto nur in die äußeren Ecken schieben oder ganz in den Rahmen stecken – wie Sie möchten. Auch schön sieht es aus, wenn Sie mehrere Bilderrahmen mit Ösen und Lederschnüren untereinander anordnen und aufhängen (nur bis Faltschritt 2 falten).

43

BUNTE FALTSCHACHTELN
verwahren kleine Schätze

MATERIAL
JE SCHACHTEL
- Faltpapier in Bunt, 14,5 cm x 14,5 cm (Unterteil der Schachtel)
- Faltpapier in Bunt, 15 cm x 15 cm (Deckel der Schachtel)

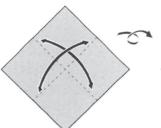 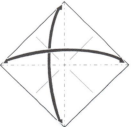

1+2 Die farbige Seite des Papiers liegt oben. Falten Sie die Papierkanten zweimal diagonal aufeinander und öffnen Sie die Faltung wieder.

Das Blatt wenden und nun die Spitzen diagonal aufeinanderfalten und wieder öffnen.

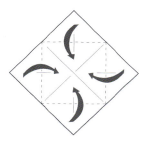

3 Alle vier Ecken nun zur Mitte falten, wo sie sich berühren.

4+5 Danach die obere und untere Papierkante auf die Mittellinie falten. Auch diese Faltungen wieder öffnen. Das Gleiche wiederholen Sie mit der rechten und linken Papierkante.

6 Falten Sie die eingeklappten Spitzen rechts und links auf ...

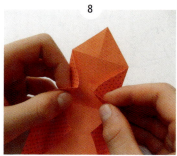

7 ... und stellen Sie die obere und untere Papierkante senkrecht auf.

8 Klappen Sie dann die beiden mit einem kleinen Pfeil markierten Ecken in Pfeilrichtung nach innen und gleichzeitig die rechte Spitze nach oben. Falten Sie die Spitze anschließend entlang der eingezeichneten Berg- und Talfalten zur Schachtelmitte.

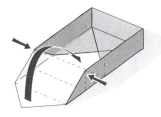

9 Wiederholen Sie diesen Schritt auch noch für die andere Seite.

TIPP
Achten Sie darauf, dass das Papier für den Schachteldeckel ein paar Millimeter größer sein muss, als das für den Boden.

BRIEFUMSCHLÄGE
für ganz besondere Briefe

MATERIAL
▶ Tonpapier in Weiß mit Noten oder Beige mit Text, 20 cm x 20 cm oder größer, Rückseite unifarben

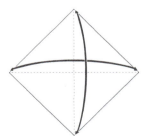 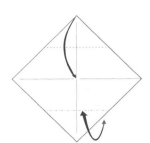

1+2 Die gemusterte Seite des Papiers liegt unten. Falten Sie das Papier einmal mittig von unten nach oben und öffnen Sie die Faltung wieder. Danach legen Sie die linke Spitze auf die rechte Spitze und drücken das Papier nur in der Mitte ein wenig flach. Öffnen Sie auch diese Faltung wieder. Die obere Spitze wird als Talfalte und die untere Spitze als Bergfalte auf den Mittelpunkt gefaltet. Die Faltung an der unteren Spitze wieder öffnen.

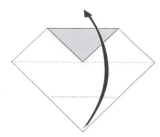  

3 Die untere Spitze nun entlang der Mittellinie nach oben falten.

4 Die obere Spitze nun auf die darunterliegende Faltung legen.

5 Falten Sie die obere Kante entlang der unteren Faltlinie nach unten.

6 Die obere Kante nochmals entlang der markierten Linie nach unten falten.

Wenden Sie danach die Faltarbeit.

7 Die rechte und linke Spitze in Richtung Mitte falten. Dort überlappen sie sich.

8 Schieben Sie nun die rechte in die linke Spitze und der Brief ist verschlossen. Drehen Sie die Faltarbeit wieder um.

9 Sie können den Brief jetzt auf dem schmalen einfarbigen Steifen beschriften oder bestempeln.

47

DEKORATIVE SCHALEN
für Nüsse und Bonbons

MATERIAL
▶ Tonpapier in Bunt, 30 cm x 30 cm

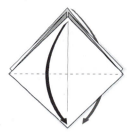 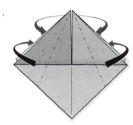

1 Beginnen Sie mit der Grundform Zusammengeschobenes Quadrat von Seite 9. Wichtig: Die farbige Seite des Papiers liegt hier unten. Legen Sie auf der Vorder- und Rückseite der Grundform die obere Spitze entlang der Faltlinie auf die untere Spitze.

2 Falten Sie nun die obere rechte und linke Papierkante an den Bergfaltlinien nach hinten. Wiederholen Sie dies auf der Rückseite der Faltarbeit.

 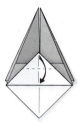 

3 Falten Sie die obere Lage der unteren Spitze an der Talfaltlinie nach oben.

4 Falten Sie die Spitze wieder auf die waagerechte Papierkante und klappen Sie sie danach nach innen um. Wiederholen Sie Schritt 3 und 4 ebenso auf der Rückseite.

Weiter geht es auf Seite 50.

5 Legen Sie auf der Vorder- und Rückseite den rechten Flügel nach links.

6 Arbeiten Sie die folgenden zwei Schritte auf der Vorder- und Rückseite! Falten Sie die obere Spitze auf die untere Spitze.

7 Falten Sie die Spitze wieder nach oben und anschließend nach innen.

8 Die untere Spitze wird an der markierten Talfaltlinie einmal nach oben vorgefaltet. Die Faltung wieder öffnen.

9 Ziehen Sie die Faltfigur auf und formen Sie den Boden der Schale aus. Fertig!

TULPEN-SCHMUCK
als Lichterkette oder Türkranz

MATERIAL

JE TULPE

▶ Transparentpapier bzw. Lampenpapier in Creme, 15 cm x 15 cm

1 Beginnen Sie mit der Wasserbomben-Grundform (siehe Seite 9).

2 Falten Sie danach die untere rechte und linke Spitze auf der Vorder- und Rückseite nach oben, sodass wieder ein Quadrat vor Ihnen liegt.

3 Auf der Vorderseite legen Sie den linken Flügel nach rechts und auf der Rückseite den rechten Flügel nach links.

4 Falten Sie die beiden oberen Papierkanten so nach unten über die Mittellinie, dass sie ineinandergeschoben werden können. Wiederholen Sie dies ebenso auf der Rückseite.

LICHTERKETTE

Für die LED-Lichterkette falten Sie zunächst die entsprechende Anzahl an Tulpen (je Lämpchen eine Tulpe). Verwenden Sie dafür transparentes Faltpapier. Wenn Sie keine LED-Lichterkette verwenden, sollten Sie für die Tulpen auf ein spezielles Lampenpapier zurückgreifen, das hitzebeständig ist.
Jeweils die kleinen Lämpchen einfach in die untere Öffnung der Tulpe schieben und evtl. mit UHU patafix fixieren.

Weiter geht es auf Seite 54.

 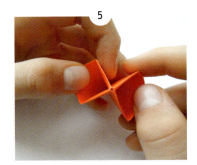

5 Ziehen Sie die Figur ein klein wenig auseinander und pusten Sie von unten in die kleine Öffnung.

6 Ziehen Sie die vier Blütenblätter an den Ecken vorsichtig nach unten.

TÜRKRANZ

Für den Türkranz einen beliebigen Rebenkranz mit diversen Tulpen und ein paar Satinbändern dekorieren. Hierzu in die Tulpen einen Draht (verschieden lang) kleben und den Draht am Kranz befestigen. Die Tulpen lassen sich mittels Draht in jede gewünschte Richtung biegen.

BEZAUBERNDE ELFENSTIEFEL
im Duzend noch schöner

MATERIAL

JE STIEFEL

▶ Tonpapier in Bunt, 7,5 cm x 15 cm

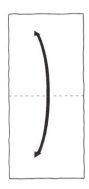

1 Die farbige Seite des Papiers liegt unten. Falten Sie das Papier einmal in der Mitte von unten nach oben und öffnen Sie die Faltung wieder.

2 Falten Sie nun das Papier einmal in der Mitte von links nach rechts.

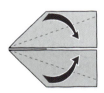

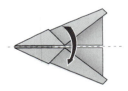

3 Als Nächstes beide Hälften der linken Kante jeweils im rechten Winkel nach rechts falten.

4 Falten Sie die kürzeren der gerade gefalteten Kanten so, dass sie auf der waagerechten Mittellinie aufliegen.

5 Klappen Sie nun die obere Hälfte des Stiefels entlang der Talfaltlinie nach unten.

6 Falten Sie die obere Lage an der Talfaltlinie schräg nach oben.
Tipp: Für einen linken Stiefel einfach hier die Faltarbeit wenden und dann die Faltschritte seitenverkehrt vornehmen.

7 Die Spitze rechts nach unten falten.

8+9 Falten Sie nun die rechte Seite entlang der Talfaltlinie nach links und schieben Sie das Ende in die kleine Tasche. Danach den Schaft ausformen und die Stiefelspitze nach oben biegen.

GROSSE WICHTELFAMILIE
für die Weihnachtsdeko

MATERIAL
- Faltpapier in beliebigen Farben, Rückseite andersfarbig bzw. in Weiß, 15 cm x 15 cm oder 10 cm x 10 cm
- Filzstift in Schwarz

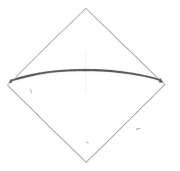

1 Die farbige Seite des Papiers liegt unten. Legen Sie das Papier einmal Spitze auf Spitze von links nach rechts und drücken Sie nur eine kleine Stelle in der Mitte flach. Öffnen Sie die Faltung wieder.

2 Falten Sie nun die rechte und linke obere Papierkante auf die Mittellinie, so entsteht eine Drachenform.

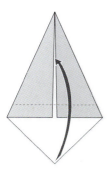  

3 Legen Sie die untere Spitze auf den markierten Punkt.

4 Danach falten Sie die obere Spitze an der gestrichelten Linie nach unten …

5 … und an der markierten Linie wieder zurück nach oben.

 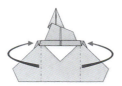

6 Die Kante über dem kleinen, weißen Dreieck zur Hälfte nach oben falten. An der oberen Spitze eine Berg- und eine Talfalte arbeiten.

7 Nur noch die rechte und linke Seite nach hinten falten, damit der Wichtel auch stehen kann, und mit einem schwarzen Stift zwei Punkte als Augen setzen.

TANNENWALD

weihnachtliche Tischdeko

MATERIAL

JE TANNE

- ▶ je 1 Faltpapier in Grün, 15 cm x 15 cm, 12 cm x 12 cm, 9 cm x 9 cm und 6 cm x 6 cm
- ▶ Klebstoff

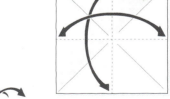

1 Bei zweifarbigem Papier liegt die grüne Seite des Papiers oben. Falten Sie das Papier jeweils in den Diagonalen und öffnen Sie die Faltungen wieder. Das Papier danach wenden.

2 Die obere auf die untere Papierkante und die rechte auf die linke Kante falten. Auch diese Faltungen wieder öffnen.

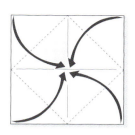

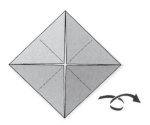

3 Alle vier Ecken nun auf die Mitte falten, wo sie sich berühren.

4 Die Faltarbeit wenden.

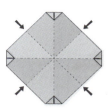

5 Die vier Ecken ein klein wenig in Richtung Mitte falten …

6 … und danach an vier Stellen (mit Pfeilen markiert) zusammendrücken und glatt streichen.

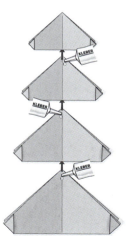

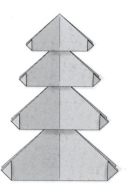

7 Falten Sie auf diese Weise je Tannenbaum ca. drei oder vier Module in unterschiedlichen Größen und klebe Sie sie von groß nach klein an den Spitzen ineinander.

8 So sieht der fertige Baum aus. Die Faltarbeit ausformen und aufstellen.

TIPP
Zur Weihnachtszeit sieht die Tanne mit einem Glücksstern (siehe Seite 22) auf der Baumkrone auch hübsch aus.

GLOSSAR

CHIYOGAMI-PAPIER ist ein japanisches Papier, das meist mit asiatischen Musterungen erhältlich ist. Es wurde Ende des 18. Jahrhunderts als günstige Alternative zum teuren Washi-Papier entwickelt.

FALZBEIN Eine gute Hilfe beim Falten ist ein Falzbein. Durch seine besondere Form gelingt das Falten leichter und es bleiben keine glänzenden Stellen auf dem Papier zurück. Die Spitze des Falzbeins kann bei engen Faltungen behilflich sein.

LESEN VON FALTZEICHNUNGEN Das A und O beim Falten sind die Faltzeichnungen. Viele achten während des Faltens nur auf die Zeichnungen und nicht auf den Text, aber oftmals ergänzen sich beide Teile und machen den Schritt nachvollziehbar. Also besser beides gleichermaßen beachten.
Ganz besonders wichtig ist es, sich immer die Abbildung des nachfolgenden Faltschritts anzusehen. Denn hier ist zu erkennen, wie das Papier anschließend

aussehen soll. Die Zeichnungen werden meist in zwei verschiedenen Farben abgebildet – eine Farbe steht für die Vorderseite, eine für die Rückseite.

ORIGAMI (ori=falten und kami= Papier) geht auf eine lange Tradition zurück und hat ihren Ursprung in China – in dem Land, in dem auch das Papier erfunden wurde. Über China breitete sich diese Kunstfertigkeit bis nach Japan aus, wo sie verfeinert und weiterentwickelt wurde. Inzwischen ist sie über 1000 Jahre alt und hat sich in viele verschiedene Richtungen entfaltet.

PAPIERSCHNEIDER Mit einem Papierschneider, der sich auch als Brieföffner eignet – können Sie Geschenkpapiere oder andere größere, quadratische Papierformate durch Halbieren und Schneiden auf die gewünschte Größe bringen. Einfach an der Faltkante ansetzen und durchziehen. Er schneidet besonders sauber und gerade und passt aufgrund seiner Größe (6 cm x 2,5 cm) in jede Tasche.

TRADITIONELLE FALTFIGUR Als „traditionell" bezeichnet man Origami-Figuren, deren Urheber nicht mehr bekannt sind, da ihr Ursprung lange Zeit zurückliegt. Sie gehören inzwischen zum Volksgut.

WASHI-PAPIER ist ein traditionelles, handgeschöpftes und damit hochwertiges Papier aus Japan, weshalb es auch Japanpapier (wa=Japan und shi=Papier) genannt wird. Das Papier wird aus Fasern von Sträuchern gewonnen, die dort weit verbreitet sind bzw. angebaut werden. Neben Origami wird es auch in der Tuschemalerei oder für Fächer, Schiebetüren oder Laternen verwendet. Üblicherweise ist es mit traditionellen asiatischen Mustern bedruckt, es ist aber auch einfarbig erhältlich. Seine Struktur ist stofffähnlich, weshalb es sich auch sehr schön anfühlt.

MEINE BESTEN TIPPS

- Falten Sie die Figuren immer auf einer glatten und trockenen Unterlage, am besten auf einem Tisch.

- Geben Sie nicht auf, wenn Sie eine Faltung nicht auf Anhieb verstehen. Manchmal muss man ein wenig probieren, bis man verstanden hat, in welche Richtung eine Faltung gehen oder wie man welche Ecke umstülpen soll. Legen Sie in diesem Fall das Papier für einige Stunden zur Seite und probieren Sie es später noch einmal.

- Wenn Sie Origami-Papier verwenden, das zwei verschiedenfarbige Seiten hat, müssen Sie vor dem ersten Faltschritt genau darauf achten, welche dieser Seiten oben bzw. unten liegen soll. Zu Beginn jeder Anleitung wird darauf hingewiesen.

- Achten Sie darauf, die Modelle nach den jeweiligen Faltschritten immer wieder schön glatt zu streichen. Dies steht bei den jeweiligen Anleitungen nicht immer extra mit dabei!

Wenn Sie das Origami-Fieber gepackt hat und Sie gerne tiefer in das Thema einsteigen möchten, lohnt sich ein Blick auf die Internetseiten folgender Origamisten:

Nick Robinson (www.nickrobinson.info)
Robert J. Lang (www.langorigami.com)
Joseph Wu (www.origami.as)
Sipho Mabona (www.mabonaorigami.com)
Steffan Weber (www.origami-live.de)
Dominik Meißner (www.orime.de)

AUTOR

CHRISTIAN SAILE

Christian Saile ist 1999 geboren und lebt im Raum Stuttgart. Seine große Leidenschaft ist ORIGAMI. Im frechverlag hat er bereits mehrere Origami-Bücher für Kinder veröffentlicht.

Bei Fragen oder Problemen können Sie sich gerne direkt an den Autor wenden: www.christian-saile.de.

DANK!

Hier und jetzt ein dickes Dankeschön an meine Mutter, die mich bei der Realisierung meiner sämtlichen Veröffentlichungen sehr aktiv unterstützt hat und immer hinter mir steht.

Ebenfalls ganz herzlich danken möchte ich den Firmen nice papers Q-Verlag (Berlin), Rayher (Laupheim) und MarpaJansen (Mönchengladbach) für die freundliche Unterstützung mit Faltpapieren.

WIR SIND FÜR SIE DA!
Bei Fragen zu unserem umfangreichen Programm oder Anregungen freuen wir uns über Ihren Anruf oder Ihre Post. Loben Sie uns, aber scheuen Sie sich auch nicht, Ihre Kritik mitzuteilen – sie hilft uns, ständig besser zu werden.

Das Produktmanagement erreichen Sie unter:
pm@frechverlag.de

oder: frechverlag
Produktmanagement
Turbinenstraße 7
70499 Stuttgart
Telefon 07 11 / 8 30 86 68

LERNEN SIE UNS BESSER KENNEN!
Fragen Sie Ihren Hobbyfach- oder Buchhändler nach unserem kostenlosen Magazin Meine kreative Welt. Darin entdecken Sie dreimal im Jahr die neuesten Kreativtrends und interessantesten Buchneuheiten.

Oder besuchen Sie uns im Internet! Unter www.topp-kreativ.de können Sie sich über unser umfangreiches Buchprogramm informieren, unsere Autoren kennenlernen sowie aktuelle Highlights und neue Kreativtechniken entdecken, kurz – die ganze Welt der Kreativität.

Kreativ immer up to date sind Sie mit unserem monatlichen Newsletter mit den aktuellsten News aus dem frechverlag, Gratis-Anleitungen und attraktiven Gewinnspielen.

IMPRESSUM
FOTOS: frechverlag GmbH, 70499 Stuttgart; Christian Saile (alle Arbeitsschrittfotos); lichtpunkt Michael Ruder, Stuttgart (alle übrigen)
PRODUKTMANAGEMENT UND LEKTORAT: Tina Herud
GESTALTUNG: independent Medien-Design Horst Moser, München
SATZ: FSM Premedia GmbH & Co. KG
DRUCK: GPS Group GmbH, Österreich

Materialangaben und Arbeitshinweise in diesem Buch wurden vom Autor und den Mitarbeitern des Verlags sorgfältig geprüft. Eine Garantie wird jedoch nicht übernommen. Autor und Verlag können für eventuell auftretende Fehler oder Schäden nicht haftbar gemacht werden. Das Werk und die darin gezeigten Modelle sind urheberrechtlich geschützt. Die Vervielfältigung und Verbreitung ist, außer für private, nicht kommerzielle Zwecke, untersagt und wird zivil- und strafrechtlich verfolgt. Dies gilt insbesondere für eine Verbreitung des Werkes durch Fotokopien, Film, Funk und Fernsehen, elektronische Medien und Internet sowie für eine gewerbliche Nutzung der gezeigten Modelle. Bei Verwendung im Unterricht und in Kursen ist auf dieses Buch hinzuweisen.

5. Auflage 2018

© 2015 **frechverlag** GmbH, Turbinenstraße 7, 70499 Stuttgart

ISBN 978-3-7724-8183-3 • Best.-Nr. 8183